The Smoke Ring
An Orbital Route Around London
by Mountain Bike

Vince Major

Published by Vince Major
Publishing partner: Paragon Publishing, Rothersthorpe
First published 2014
© Vince Major 2014

The rights of Vince Major to be identified as the author of this work have been asserted by him in accordance with the Copyright, Designs and Patents Act of 1988.

All rights reserved; no part of this publication may be reproduced, stored in a retrieval system, or transmitted in any form or by any means, electronic, mechanical, photocopying, recording or otherwise without the prior written consent of the publisher or a licence permitting copying in the UK issued by the Copyright Licensing Agency Ltd. www.cla.co.uk

ISBN 978-1-78222-182-1

Book design, layout and production management by Into Print
www.intoprint.net
01604 832149

Printed and bound in UK and USA by Lightning Source

Cover photo
Location: Bagshot Heath
Rider: Tim Neal

Disclaimer
Every effort has been made to achieve accuracy of information for use in this guidebook. The author and publisher can take no responsibility or liability for any loss (including fatal), damage or trespass as a result of the route information or advice offered in this guidebook.

The inclusion of a path or track in this guide does not guarantee it remains a right of way. If conflict with a landowner occurs, please leave by the shortest possible route available and inform the relevant authority if deemed necessary.

Please follow the country code and always give way to pedestrians and horses.

An Orbital Route Around London

Acknowledgements

Firstly, I would like to thank my partner, Kathryn, who supports me in having time away to create these guidebooks and to my daughter Hannah, thanks for being a willing helper on all things technological.

Thanks also to Matt, Phill, Tim, 'Pitsford' Martin and to all the random riders I've met on the trails willing to share their local knowledge.

Last but not least, a massive thank you to my good friend Paul, who once again was a willing volunteer to help create this route.

The Smoke Ring

ABOUT THE AUTHOR

Vince Major lives in Northamptonshire and has been riding mountain bikes since 1989. His broad MTB experiences range from XC, freeride and downhill at home and abroad. His vast knowledge of good MTB areas in the UK stems from the fact that living in Northants, not being a MTB hotspot itself, has meant travelling to other areas to find and ride the best trails. One advantage of being in a central location means relatively quick and easy access to other parts of the UK.

Vince has also acquired a wealth of experience in organising bike trips at home and abroad for friends and club mates. These range from single days out to ten day epics, always with the emphasis on 'having an adventure'.

An Orbital Route Around London

CONTENTS

THE SMOKE RING OVERVIEW 7
MAP OVERVIEW 9
HOW TO USE THIS BOOK 11
SUPPORTED OR UNSUPPORTED? 12

KIT

BIKE 14
BIKE SPARES 15
CLOTHING 16
NAVIGATION 16
FIRST AID KIT 17
MISCELLANEOUS 17

TRAVEL & ACCOMMODATION

LOGISTICS 18
TRAINS 19
DURATION 20
ACCOMMODATION 21

THE SMOKE RING BY NUMBERS 23

The Smoke Ring

ROUTE DESCRIPTIONS

EPPING FOREST – LANGLEY	24
LANGLEY – HOLMBURY ST MARY	25
HOLMBURY ST MARY – SWANLEY	27
SWANLEY – EPPING FOREST	28

ROUTE INFORMATION

FERRIES	29
BIKE SHOPS	30

TABLE OF ABREVIATIONS   35

ROUTE INSTRUCTIONS

EPPING FOREST – LANGLEY	36
LANGLEY – HOLMBURY ST MARY	43
HOLMBURY ST MARY – SWANLEY	49
SWANLEY – EPPING FOREST	54

ROUTE FEEDBACK   59

An Orbital Route Around London

THE SMOKE RING OVERVIEW

An anti-clockwise, orbital route around London by mountain bike. A journey of 187 miles with 10,000ft of elevation gain, taking you through Hertfordshire, Buckinghamshire, Berkshire, Surrey, Kent and Essex.

Some of the many highlights include Epping Forest, The Grand Union Canal, Swinley Forest, The Surrey Hills, The North Downs and The Thames.

The Smoke Ring

An Orbital Route Around London

MAP OVERVIEW

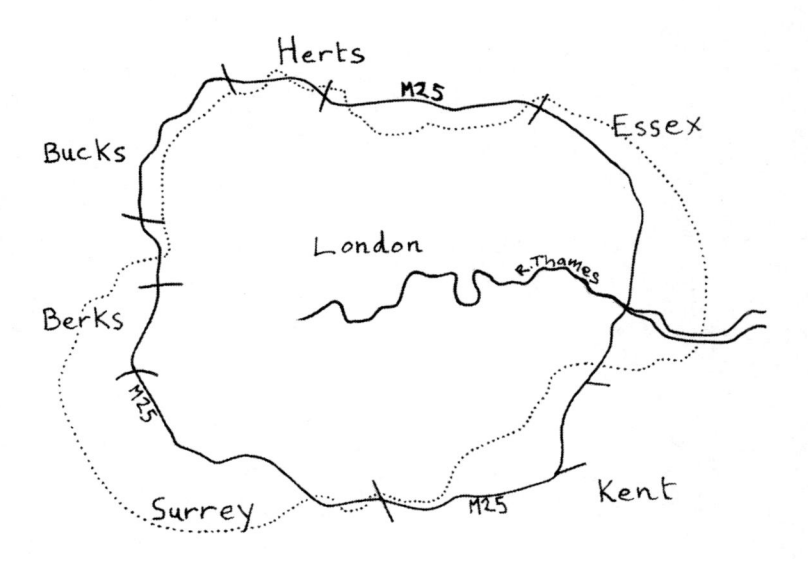

The Smoke Ring

An Orbital Route Around London

HOW TO USE THIS BOOK

The main purpose of this guidebook is to provide the instructions to plot the route of 'The Smoke Ring' onto the relevant OS maps and GPS units. The instructions for the route include many abbreviations which are listed in a table. The 6 figure grid reference numbers are compatible with the relevant OS Landranger 1:50,000 and OS Explorer 1:25,000 type maps. Some details for when you are on the route are also included in the route instructions when deemed necessary; these details are often useful when navigating through urban areas. Please note, plotting the route through towns and cities is difficult when using OS maps and so online mapping is recommended and is very useful for this purpose.

In the route instructions, 6 figure grid reference numbers and relevant abbreviations are all in **bold** lettering.

Other useful information is also included about bikes, kit, travel and accommodation, local bike shops and 'bonus bits' – added extra trails.

The Smoke Ring

SUPPORTED OR UNSUPPORTED?

Supported or unsupported? That is the question…

For many reasons, a supported ride is the easier and less stressful option to ride 'The Smoke Ring'. A support vehicle can carry all your luggage and many other items including bike spare parts, a bike stand, spare wheels, tyres, tools, bike cleaning equipment, camping gear etc. Even a spare bike! All of this means you only need to carry what is necessary for a day ride. The support can be there when you need it for major mechanicals, other emergencies and to transport all your gear to the next overnight stop. For these reasons you can confidently book accommodation well in advance knowing you will arrive at your destination and not lose deposits or have to find last minute places to stay – not much fun after you've been riding for 8 hours!

An unsupported option would perhaps give you a greater sense of adventure. There are some things you can do to help you on an unsupported trip, for example, mailing fresh clothing and maps ahead to places that you know you'll stay at, along with stamped

An Orbital Route Around London

addressed packages to mail gear home. An estimate of the load you would carry on the bike would be two to three times heavier on an unsupported trip! A mountain bike trailer could be used on 'The Smoke Ring'.

Please note: 'Mtb Epics UK' run supported, self-guided rides on this route from April to October. Check out what we offer at:
www.mtbepicsuk.co.uk

The Smoke Ring

KIT

The kit lists that follow will provide you with a rough idea of what you will need on a trip like this.

BIKE

The ideal bike for this trip would be a lightweight, short-travel, full suspension mountain bike, 26 or 29er. An equivalent hardtail would also be fine, not quite as comfortable, but perhaps would climb better on tarmac. A bike with more than 130/140mm travel is probably not that suitable. Neither is a fully rigid cyclocross bike!

Tubeless tyres or 'sealant' type tubes are a good idea to prevent punctures. Disc brakes are also a good option.

Whatever bike you choose, it needs to be in excellent working order because this route is hard on machinery especially if wet and muddy.

An Orbital Route Around London

BIKE SPARES

If you are attempting this ride unsupported then you are limited to what you can carry, though riding in a group means you can share the load.

If you have a support vehicle then bike spares are not an issue, just take everything! Essentials for an unsupported trip will be:

- Tyre levers
- Spare tubes
- Tyre boot (for split tyre repair)
- Pump
- Patches
- Multi-tool (inc. chain splitter and spoke key)
- Spare brake pads x 2 pairs (this route can eat brake pads!)
- Gaffer tape (wound around pump)
- Cable ties (various lengths)
- Mech hanger (specific to your bike)
- Gear cable
- Chain links/pins
- Spare spokes x 3 (correct length)
- Small narrow cleaning brush
- Lube
- Rag
- Lightweight bike lock
- Small rear light
- Head torch

CLOTHING

Waterproof everything, or at the very least a good quality waterproof/windproof jacket - it's not California!

If you are planning on carrying all your gear, on bike and après bike, then technical, lightweight materials are best.

NAVIGATION

A GPS unit with the relevant OS mapping is a huge asset when tackling a big ride like 'The Smoke Ring'. It is not essential to have a GPS but with the route pre-loaded onto the unit, it will save a lot of time out on the trail. However, you will still need the paper maps as they can often prove invaluable when you need the 'bigger picture' or to find an alternative route. Plus, they are great to look at when opened up to study the highlighted route.

OS Landranger 1:50,000 maps are recommended on this trip as 'only' seven are needed and generally have enough detail. The map numbers are:
166, 167, 175-177, 186, 187.

A compass and knowing how to use it is

An Orbital Route Around London

always worth having too.

FIRST AID KIT

As an experienced mountain biker you may know the basics of first aid, what should be in the kit and how to use it. It would be a good idea to read up and remind yourself of first aid procedures before the trip.

The most common problems encountered can be cuts, grazes, exposure, a broken or cracked collar bone, sunburn and saddle sores!

MISCELLANEOUS

- A bladder type hydration system (at least 2L capacity)
- Whistle
- Small sewing kit
- Lip balm
- Sunscreen (At least SPF 30)
- Ear plugs
- Chargers for GPS and phone
- Weatherproof bags (for phone and clothes etc.)

Please note: these lists are not definitive and simply provide a pointer.

TRAVEL AND ACCOMMODATION

LOGISTICS

'The Smoke Ring' is best tackled in an anti-clockwise direction because some of the trails, especially in The Surrey Hills area, work much better this way round.

There are many options of how to travel to and from the start and finish point of 'The Smoke Ring'. Here are a few pointers:

- Travelling there in a support vehicle means having everything you need with you and a simple way to get home.
- Drive and park to the nearest point of the route to where you live.
- There are many train stations on or very close to the route.

An Orbital Route Around London

TRAINS

- **www.nationalrail.co.uk**
  The official source for UK train times and other information.

- **www.thetrainline.com**
  Excellent phone app for times and fares.

- **www.atob.org.uk**
  Information on train companies and their polices on bike carriage.

Please note: more than two people with bikes on trains could encounter problems. One way to avoid this is to use foldable bike bags and mail them to your destination or for your support vehicle to carry.

A homemade bike bag is easy to make using strong plastic sheeting, gaffer tape and rope or similar for a shoulder strap.

DURATION

'The Smoke Ring' would work well as a four day ride for most people, with each day providing a decent challenge. However, the super-fit could possibly ride it in two or three days! Others may choose to spend a week over it and really take in the fantastic scenery.

ACCOMMODATION

Unsupported rides of this length are difficult to plan ahead because of so many unforeseen circumstances. The only certainty is the start point. It is recommended that any accommodation, however you plan to ride this route, is booked six months in advance.

The following is a list of Youth Hostels on or near to the route:

London Lee Valley (Herts)
Windmill Ln
EN8 9AJ
0845 371 9057
leevalley@yha.org.uk
OS map 166
GR 368024

Jordans (Bucks)
Welders Ln
HP9 2SN
0845 371 9523
jordans@yha.org.uk
OS map 175/6
GR 975910

The Smoke Ring

Holmbury (Surrey)
Radnor Ln
RH5 6NW
0845 371 9323
holmbury@yha.org.uk
OS map 187
GR 104450

Tanners Hatch (Surrey)
off Ranmore Common Rd
RH5 6BE (RH5 6SR sat nav)
0845 371 9542
tanners@yha.org.uk
OS map 187
GR 140515

Epping Forest (Essex)
Wellington Hill
IG10 4AG
020 8508 5161
epping@yha.org.uk
OS map 167/177
GR 407983

For general enquires:
Youth Hostel Association: 0800 019 1700
www.yha.org.uk

An Orbital Route Around London

THE SMOKE RING
BY NUMBERS

187 total miles (301km)

96 off road miles (155km)

9,728ft total elevation gain (2,965m)

964ft highest point (294m)

59 off road sections

15 towns
1 ferry
1 trail centre
6 counties
1 pier
10 crossings of M25

ROUTE DESCRIPTIONS

EPPING FOREST – LANGLEY

45.93 total miles (73.94km)
31.23 off road miles (50.30km)
1,247ft elevation gain (380m)

A short but fun descent, leaving Epping Forest and into the Lee Valley, begins this route. Then cross the River Lee to ride through Enfield and Clay Hill on cycle friendly paths and parks, quite often next to or crossing water. Then on to a series of lengthy bridleways, byways and singletrack as the route criss-crosses the M25 near Potters Bar and London Colney. Continue towards Watford on long traffic free paths including a scenic riverside section of the Ver-Colne Trail with an interesting option to ford The Ver and The Colne.

Ride through several parks in Watford on Sustrans paths to join the Ebury Way disused rail line and on to join the scenic Colne Valley Trail at Batchworth Lock. An interesting ride along the Grand Union Canal and a couple of woodland areas lead you on to Uxbridge where you leave the canal to ride on a series of bridleways towards Langley Park. Continue through this picturesque park to join more off road sections and on into Langley.

An Orbital Route Around London

LANGLEY – HOLMBURY ST MARY

47.76 total miles (76.86km)
22.47 off road miles (36.15km)
2,610ft elevation gain (796m)

An easy ride along the cycle path through Ditton Park leads you towards historical Eton with its famous college. Then cross the Thames in the shadow of Windsor Castle and on to an easy cruise through the scenic Windsor Great Park.

Ride through North Ascot and skirt the edge of Bracknell Forest which leads to the purpose built mtb trails at Swinley Forest. Pick up the trailhead at 'The Lookout Discovery Centre' and follow the berm laden Blue Trail to briefly join the Red Trail to then head south across Bagshot Heath. Cross the M3 to join one of the many excellent bridleway sections which lead past the large Bisley firing range. More byways and bridleways then take you through woods and heathland, and on to an easy cruise through the nature reserve next to the River Wey and into Guildford. Ride through Stoke Park to quickly leave Guildford on quiet roads to begin miles of quality byways, bridleways and purpose built mtb trails in the stunning Surrey Hills. Some great singletrack leads you to Peaslake with its well known and cyclist friendly village shop – a great place to refuel!

The Smoke Ring

One of the area's most popular trails, 'Barry knows best', is worth the short detour, then it's on to Holmbury Hill with fantastic views looking south over The Weald towards the South Downs. The excellent and well known 'Yoghurt Pots' and 'Telegraph Road' trails lead you off Holmbury Hill and on to Holmbury St Mary to end this section.

An Orbital Route Around London

HOLMBURY ST MARY – SWANLEY

**47.51 total miles (76.46km)
26.38 off road miles (42.45km)
3,624ft elevation gain (1,104m)**

A great start to this section begins with the climb up to Leith Hill with its gothic tower and fine views at the summit – the highest point in the South East at 294m. From here it's a long gradual descent, firstly to Coldharbour then the purpose built mtb trail of Summer Lightning as you head towards Westcott.

More ups and downs follow as you skirt Dorking and on to Box Hill and the easy zig-zag road climb, of London 2012 Olympics fame. Great off road sections continue over Box Hill and on towards Reigate and Redhill. The trails continue on the North Downs Way with a long descent through the National Trust area of Gatton Park. Then join quiet lanes, cross the M23, and back onto the North Downs Way with more bridleways to eventually lead you north east through some scenic countryside, a highlight being the beautiful Woldingham Valley. Woodland byways and bridleways are plentiful in this area and lead you past Biggin Hill and Orpington then on to Swanley in Kent.

The Smoke Ring

SWANLEY – EPPING FOREST

45.74 total miles (73.61km)
16.16 off road miles (26km)
2,247ft elevation gain (685m)

　Begin this section by heading towards Gravesend, at first on easy lanes, bridleways and a tough woodland climb, then Sustrans cycle paths lead you to the banks of the River Thames. Here you'll find the Town Pier, the world's oldest surviving cast iron pier which is now the new home of the Gravesend to Tilbury ferry. Take the ferry across the Thames, ride past the 17th century Tilbury Fort, to head north on mainly quiet roads and tracks.
　A long off road section through Thorndon Country Park precedes a brief ride through Brentwood, followed by a quick blast on fast bridleways at The Weald Country Park. Quiet Essex lanes then lead to a series of long bridleway sections and finally on to Epping Forest. Ride an interesting mix of trails through this beautiful, six thousand acre broadleaf forest to end the route near the High Beach Forest Centre. We've been here before!

ROUTE INFORMATION

FERRIES

* This ferry service operates Mon – Sat only.

Gravesend – Tilbury*
(Lower Thames and Medway Passenger Boat Co Ltd)
07973 390124

Thurrock Council
Passenger Transport Unit
01375 413886
passengertransport@thurrock.gov.uk

Kent County Council
Passenger Integration
01622 605091
Transport.integration@kent.gov.uk

FERRY ALTERNATIVE

A free service for cyclists!

Dartford – Thurrock River Crossing
01322 221603
www.highways.gov.uk/dartford/faqs

The Smoke Ring

BIKE SHOPS

* Denotes bike shop on or within 5 minutes of route.

Top Riders Cycles* (Enfield)
12 Savoy Parade
EN1 1RT
0208 363 8618
OS map 177
GR 332966

Stephen James Cycles (Enfield)
Lincoln Rd
EN1 1SW
0208 443 8442
OS map 177
GR 343958

Cyclopedia* (Watford)
70-78 Merton Rd
WD18 0WY
01923 221901
OS map 176
GR 107962

Cycles UK* (Watford)
484-486 St Albans Rd
WD24 6QU
01923 243707
OS map 176
GR 110991

An Orbital Route Around London

Bikewise (Ickenham)
61 Swakeleys Rd
UB10 8DQ
01895 675376
OS map 176
GR 077864

Stows Cycles* (Slough)
72 High St West
SL1 1EL
01753 520528
OS map 176
GR 975799

Stows Cycles* (Windsor)
209 Dedworth Rd
SL4 4JW
01753 862734
OS map 175
GR 944763

Wellington Trek (Sunningdale)
5 Station Parade
London Rd
SL5 0EP
01344 874611
OS map 175
GR 953667

Bracknell Cycles (Bracknell)
5 Charles Square
RG12 1DF
01344 310510
OS map 175
GR 870693

The Southern Way

Berkshire Cycle Co. (Crowthorne)
207 High St
RG45 7AQ
01344 774520
OS map 175
GR 841639

Cycleworks* (Guildford)
218 London Rd
GU4 7JS
01483 302210
OS map 186
GR 016520

Giant Guildford* (Guildford)
60 Epsom Rd
GU1 3PB
01483 570882
OS map 186
GR 006497

Pedal & Spoke* (Peaslake)
The Little Shop
Walking Bottom
GU5 9RR
01306 731639
OS map 187
GR 085448

Pedal & Spoke (Cranleigh)
62 High St
GU6 8AG
01483 346549
OS map 187
GR 058390

An Orbital Route Around London

Nirvana Cycles* (Westcott)
5 The Green
Guildford Rd
RH4 3NR
01306 740300
OS map 187
GR 141485

Finch Cycles (Reigate)
43 Bell St
RH2 7AQ
01737 242163
OS map 187
GR 254501

C and N Cycles (Redhill)
32 Station Rd
RH1 1PD
01737 760857
OS map 187
GR 280505

Cycles UK* (Orpington)
299-301 High St
BR6 0NN
01689 898923
OS map 177
GR 462660

Tri The Bike Shop* (Gravesend)
18 Windmill St
DA12 1AS
01474 533748
OS map 177
GR 648739

The Smoke Ring

Momentum Cycles* (Brentwood)
149c High St
CM14 4SA
01277 201116
OS map 177
GR 591937

Spokes Cycles* (Epping)
118 High St
CM16 4AF
01992 577702
OS map 167
GR 459020

Go Further Cycling (Epping Forest)
Debden House Camp Site
Debden Green
IG10 2NZ
0208 418 0319
OS map 177
GR 438983

Heales Cycles (Chingford)
477 Hale End Rd
Highams Park
E4 9PT
0208 527 1592
OS map 177
GR 387917

An Orbital Route Around London

TABLE OF ABBREVIATIONS

N	North
S	South
E	East
W	West
R	Right
L	Left
TR	Turn Right
TL	Turn Left
FR	Fork Right
FL	Fork Left
LH	Left Hand
RH	Right Hand
SA	Straight Ahead
SO	Straight Over
@	At
Thru	Through
TJ	T Junction
Xroads	Crossroads
BW	Bridleway
BY	Byway
MR	Minor Road
NCN	National Cycle Network
SP	Sign Posted
LC	Level Crossing
NT	National Trust
MTB	Mountain Bike

The Smoke Ring

ROUTE INSTRUCTIONS

EPPING FOREST - LANGLEY

Enter car park **@ 412983**, stay **R** to follow past tea hut and **thru** car park to join path next to map board on your **R** and follow to **MR @ 410982**. Go **SO MR** onto forest singletrack next to Wellington Hill sign and descend, heading **NW** to re-join **MR @ 408984**. **TL** and follow to **TJ**, **TL** then stay **L** to **TJ @ 402983**. **TL** then quickly **TR** onto **BW** and follow to **MR** (Mott St) **@ 398979**, **TR** and continue to **TJ** with A112. **TL**, then after approx 75m, just before Butlers Dr, **TR** onto metalled track and follow **W** to River Lee **@ 377983**.

Cross bridge over river, keeping **SA** to follow well **SP NCN**1 **thru** housing estate, staying **L** at **SP** path junction, **SO** Brunswick Rd to cross river **@ 373982**. Follow path and **TR** onto Swan and Pike Rd and continue to Enfield Lock. Stay **L**, cross canal to join path (**SP** Enfield Greenway/**NCN**12) and continue **W**, **SA** over bridge (**NCN**12), **SO** Newbury Ave then **L** over brook and quickly **R** to cross railway footbridge into Albany Park. Please note; there is an alternative **SP** route if you'd

An Orbital Route Around London

prefer not to carry bike over footbridge. Head into park and take 2nd **L**, @ **362984**, to join wiggly cycle path and follow round to **L** then **TR** @ **360983** and follow **SA** to A1010 (Hertford Rd). Continue **SO** onto Longfield Ave and follow to **TJ** with Winnington Rd. **TR** and follow until, @ **351988**, **TL** onto path (Enfield Greenway) and continue under rail line, keeping **SA** to cross footbridge over busy A10 @ **346987**. Please note: There is a subway under A10 300m **N** of here, if you'd prefer not to carry bike over bridge. Continue **W** along path (Enfield Greenway) to **MR** (Bull's Cross) @ **343987**. Cross **SO MR** into park and follow good path (Forty Hall Greenway), at first next to brook, past fishing lakes, keeping **SA thru** path junctions, to eventually meet **MR** (Clay Hill) @ **326987** next to Rose & Crown PH. Continue **SO MR** into Hilly Fields Park and quickly **FR** onto good path (Hilly Fields Greenway) to follow next to brook, past bandstand, and continue to **TR** to cross brook then up past sports pitches, heading **N** to meet **MR** opposite church @ **318989**. **TL** and keep **SA** to join **BW** to **TL** under rail bridge and follow past farm and on to A1005 @ **308982**. **TR** then quickly **TL** onto Oak Ave and follow to **TJ** with **MR** (Hadley Rd). **TR** and continue past Hadley

The Smoke Ring

Road Gate entrance to Trent Park and on to **TJ** with busy A111 (Cockfosters Rd) @ **275981**. **TR**, then take 2nd **L** onto Lancaster Ave then **TR** onto Duchy Rd (**NCN**12) and follow to **TJ** with **MR** (Wagon Rd) @ **268986**. **TL** and continue to **Xroads** with A1000, follow **SO** to **Xroads** with **MR** (Dancer's Hill Rd). **TL**, then @ **249995**, **TR** onto **MR**/track (Bentley Hill Ln), stay **L** and follow to **MR** (Baker St) @ **241000**. **TR** under M25, then take 2nd **L** onto Santers Ln and continue to mini roundabout on Dugdale Hill Ln. **TL** then **TR** @ **240007** onto track (Bridgefoot Ln) and follow to join **BW**. Continue and join good track, cross Mimmshall Brook, **TL** and continue **SA** round field edge to meet path (Wash Ln/**NCN**12) @ **230005**. **TR** and follow round to **L** to **MR** @ **228007**. **TL**, then **TR** at mini roundabout to cross A1(M) to take 1st **L** onto Greyhound Ln and follow to junction in South Mimms @ **223009**. **TL** and follow **SA** to cross M25 then **TR** @ roundabout and continue until, @ **207011**, **TR** onto Packhorse Ln and on to **TJ** with B556 @ **206022**. **TL** onto singletrack next to road, then **TL** onto **MR** (Rectory Ln) and follow, keeping **SA** at **LH** bend to join restricted **BY** (**thru** bollards) to head **NW thru** woods to **BW** junction @ **196031**. **TL** onto **BW** and follow **R** then **L** past museum and on to **BW**

An Orbital Route Around London

junction @ **189025**, **TR** and follow to B556. Go **SO** to join restricted **BY**, cross over M25, and follow to track junction @ **180035**, then **TL** and continue towards B5378. 50m before reaching road, **TR** over bridge (restricted **BY**), stay **R** then **L** and **thru** small car park to B5378 @ **175034**. **TR**, then **TL** onto track (**BW**) **SP** Park St, and continue **SA** onto field edge singletrack to follow under M25, over rail line, **thru** industrial estate and on to **TJ** with A5183 (Radlett Rd) @ **155022**. **TR**, then quickly **TL** onto track and follow to **MR** @ **151023**. **TL**, cross River Ver and **TL** onto **BW**, continue **thru** car park, cross river and follow permissive **BW** next to river to cross back over onto **MR** (Drop Lane) @ **144014**. **TL** and follow to **RH** bend to continue **SA**, **thru** bike gate onto field edge (**SP** River Ver Trail). (BONUS BIT i). Follow over narrow bridge and cross field to **BW** @ **140010**. **TR** and head **S** until, @ **140004**, stay **L** to continue **S** then **SW** past woods on **L** to join **BW** next to golf course @ **134996**. Continue **SA** to join metalled track (Otterspool Ln) and follow under M1 then A41 to meet **MR** (Berry Grove Ln) @ **124982**. **TR** (effectively **SA**) and follow to **TJ** with Bushey Mill Ln. **TR**, then just before **TJ** @ **119981**, **TL** onto cycle path (**NCN**6/61) and follow next to road to roundabout. Continue round to **L**, **TR** under

The Smoke Ring

bridge and follow path next to river and **SO MR @ 117971**. Follow path **thru** park, under rail line then under road bridge to **TJ** with **MR** (Water Ln) **@ 115962**. Continue **SO** to join cycle path next to river, then **FR** to pass car park and supermarket on your **L** and on to **MR** (Lower High St) **@ 115959**. **TL** then quickly **TR** into Local Board Rd to continue on well **SP** path (**NCN6**). Follow path past entrance to retail park, under rail line to **TR** into park **@ 116955**. Go past sports pitches on **R** and on to A4178 (Wiggenhall Rd). **TL**, cross river, then **TR** into park, staying **R** to follow path (**NCN6/61**) to path **TJ**. **TR**, (**SP** Ebury Way/Rickmansworth), cross bridge and go **thru** child's playground to join the Ebury Way disused rail line. Follow this **SA** until, **@ 063942**, **TL** (**SP** Batchworth Lock Canal Centre), **L** then quickly **R** to follow path next to water on your **L** to Batchworth Lock. Cross small bridge over 'zig-zag' weir to join the Grand Union Canal tow-path - Colne Valley Trail (**CVT**)/**NCN**61. Continue on this until, **@ 043929**, **TL** to cross canal and round to **R** on Springwell Ln to **TR** onto **CVT/NCN**61. Follow well **SP** path to **FR thru** gate, along field edge, **thru** woods to join **MR** to **TR** onto Summerhouse Ln and follow **CVT/NCN**61 to **MR @ 041911**. **TL** then quickly **TR** onto Jacks Ln and follow

Land's End to Dover

to cross canal @ **043903** to continue **S** on path and on to **MR** (Moorhall Rd) @ **049887**. **TL** then after approx 300m, **TR** into woods on **CVT/NCN**61 and continue past gravel pits, then past marina to rejoin canal to then cross canal @ **053867**. Cross canal again before going under A40, then cross again and continue **S** until, @ **051823**, exit canal and **TR** onto B470 (Iver Ln). After approx 400m, **TR** onto **BW** (Palmers Moor Ln) and follow over M25, **TR**, cross stream and **TR** in front of houses to continue on **BW** to **MR** @ **035817**. **TR**, then **TL** (**NCN**61) to **TJ**. **TR** then quickly **TL** onto **BW** (**NCN**61) and follow to **MR** @ **022817**. Continue **SA** to **TJ** with Billet Ln. **TR** then quickly **TL** into Langley Park to join path (**BW**), **SP** Arboretum/Lake, and follow round to **L**, past lake and on to join **BW** @ **006816**. Follow **BW** and **FL** onto singletrack **BW** to **MR** @ **004813**. **TL** and continue until, @ **001803**, **TL** onto **BW** and follow round to **R** to join singletrack on field edge. Continue on this to corner of field and **TR** to cross canal and rail line and onto **MR** (Minster Way) @ **005798**. **TR** and follow round to **L** then **R** to **TJ** with Langley Rd. Go **SO** onto cycle path (**NCN**61) and follow **SA** to busy A4 @ **004786**.

The Smoke Ring

BONUS BIT ...

(i) **TL** to ford River Ver and then River Colne, stay **L** to **BW** and **TR** to pick up route.

An Orbital Route Around London

Langley – Holmbury St Mary

Cross **SO** A4, **TR** then quickly **TL** onto Cedar Way and follow **SA** to gate into Ditton Park. Please note; this gate is locked between 8pm & 6am. Continue on path (**NCN**61), **TR** and follow well **SP** path to cross M4 and on to B376 @ **980785**. **TR** then quickly **TL** onto **MR** (The Myrke) and **TL**, just before woods, onto path and follow next to river to B3026. **TR**, cross river and join path on **R** running next to road until playing fields then rejoin road and follow to mini roundabout on B3022 @ **969784**. **TL** and continue **SA thru** Eton on High Street to cross the Thames @ **967772** to join Thames Street then **TR** onto Thames Ave then **R** again onto River St and round to **L** onto Barry Ave. Join cycle lane next to river and follow under rail line to **TL** onto Vansittart Rd (**NCN**4) @ **959772**. Continue **SO** Arthur Rd and Clarence Rd, keeping **SA** to go under A308 to join Green Ln that turns into York Ave to **TJ** with Springfield Rd. **TR** then quickly **TL** onto Bulkeley Ave (**NCN**4) and follow to **TJ** with B3022 (St Leonard's Rd) @ **958756**. **TR** then 1st **L** onto **MR** and round to **L** past football ground keeping **SA** to join path into park until, @ **960753**, **TR** and

The Smoke Ring

head **S** on path (**NCN**4) to A332 @ **954735**. Cross **SO** A332 to join **MR** (Prince Consort's Drive, **NCN**4) to enter Windsor Great Park. Please note; cycling is only permitted in the park during daylight hours. Continue until, @ **953724**, **TL**, to go past The Village then @ **961722**, **TR** onto Duke's Lane and follow to exit park onto B383 @ **946700**. **TR** and follow until, @ **936714**, **TL** to **Xroads** on A332. Continue **SO** onto B3034 (Lovel Lane) then **TL** onto **MR** (Woodside Rd) and follow to pub @ **927710** then **TR** to join path (restricted **BY**) and on to join Hodge Lane to **TJ** with A330. **TL**, then **TR** onto B3034 and quickly **TL** @ **919709** onto New Road and follow to mini roundabout. **TR**, still on New Road to mini roundabout, then **TL** onto Fernbank Rd until, @ **909697**, **TR** onto Mill Ride and continue **SA** to join restricted **BY** and on to **TJ** with B3017. **TL** then quickly **TR** onto **MR** (Long Hill Rd) and follow to join cycle path on **R** just after roundabout and continue to next roundabout on A329. Stay **R** on cycle path to crossing @ **890690** and cross **SO** A329 to join blue route (Cycle path) and follow this, keeping **SA** on main path, under small subway, past pond on **R**, with stream on **R**, lake on **R** and **SO** several residential roads to eventually follow cycle path **SP** 'The Look Out'. Continue to cross A322 on foot/cycle bridge @ **881665**,

An Orbital Route Around London

go past leisure centre on **R** and follow **SP** to cross B3430 and into 'The Lookout Discovery Centre' @ **877662**. Stay **R** and head **thru** car park, keeping to **R** of visitor centre, then past barrier to join the **MTB** trailhead. Join the Blue route (**MTB** trail) and continue, eventually to marker posts 11 (blue) and 1 (red). **TL** onto fire road then quickly **TR** onto Red route (**MTB** trail) and follow this near to large forest junction (Lower Star Post) @ **875640**. (BONUS BIT ii). Switchback **L** to join fire road (inward red route) and head **E** towards Surrey Hill on **MTB** trail to join **BW**, just before marker post 15 @ **888640**. Head **S** on **BW** towards large mast and on to A30 @ **898619**. Cross **SO** and **TR** then quickly **TL** onto B3015 (The Maultway) and continue over M3 until, @ **904612**, **TL** onto **BW** and keep **SA**, (hard to follow!) heading **ESE**, **thru** vehicle testing area to descend to B311 @ **918612**. (BONUS BIT iii). **TL** and follow busy B311 until, @ **929615**, **TR** onto **BW** to head **S** next to firing range to **MR** @ **932606**. **TR** then **TL** onto **BW** and follow to join **MR** and on to **TR** @ **943601**. Continue on **MR** (Fenns Lane) and stay **R** to join **BW** and follow to briefly join **MR** then back onto **BW**, next to firing range perimeter fence, to **MR** @ **944584**. **TR** and continue past shooting centre to A324, **TR**, under rail

The Smoke Ring

line, and follow until, @ **945561**, **TL** onto **MR** (Avenue de Cagny) and on to **TJ** with The Green. **TL** then **FR** onto Chapel Ln (no through road) and follow **SA** to join **BY** and on to B380 @ **962548**. **TL** (effectively **SA**), to **TR** @ roundabout then **TL** @ **968543**, then after approx 300m **TL** onto **BW** and on to **MR** @ **976545**. **TL** then quickly **TR** onto track (**BW**) and follow round to **L** then stay **R** of house and on to **MR** @ **987543**. **TR**, over rail line to **TJ** with A320 ,**TR** then **TL** onto **MR** (Clay Ln) and follow **SA** joining cycle path (**NCN**223) on **RH** side of road until, @ **011528**, **TR** onto **MR** (Bowers Ln) , round to **L** then **TR** **thru** gate into nature reserve and follow path (**NCN**223) towards Guildford. Eventually follow round to **L** under A3 and up to A25 @ **004508**, cross **SO**, **TL** then **TR** into Stoke Park onto path (**NCN**223). Follow path and **TL** then **TL** again and on to A3100 (London Rd) @ **006505**. **TR** then after approx 200m, **TL** into Cross Lanes and follow round to **L** to **TR** into Maori Rd and on to **TJ** with A246 (Epsom Rd) @ **008498**. **TR** then quickly **TL** onto Albury Rd and on to **TJ** with **MR** (Warren Rd). **TL** and continue round to **R**, onto One Tree Rd, then **L** onto White Ln and **SA** into car park @ **032491**. **FR** onto track (**BW**) and follow to meet **BY** @ **047489**. **TR** onto well surfaced **BY** (Water

An Orbital Route Around London

Ln) and descend to join **MR** and on to **TJ** with A248. **TL** and follow round **LH** bend to **TR @ 048478** into Albury and continue round to **L** and follow to join **BW @ 053477**. Follow **BW** to **MR** and **TR** to head **S** to Farley Green until, **@ 059455**, **TL** then **TL @ 062449** and follow to join **BW** and on to **MR @ 074447**. **TL**, then quickly **TR thru** gate and **FL** onto **BW** and follow to **MR @ 083448**. **TR**, then **TL** into Peaslake. **@** village store, **TR**, then **FL** onto **MR** (Radnor Rd) and climb past covered reservoir **@ 095438** (BONUS BIT iv) to **TL** into car park **@ 098432**. Go **SA thru** car park and **FR** to continue on wide track up to viewpoint **@** Holmbury Hill. **TL** to head **N** on wide track for approx 100m, then **TR** onto well used **MTB** trail (Yoghurt Pots/Parklife). Follow this to wide track and **TR** to track junction with curved green bench on **R**. **FL** down wide track then quickly **FL** onto well used **MTB** trail (Telegraph Rd). Follow trail **SA**, below telegraph poles, taking care crossing several junctions to eventually meet car park **@ 105450** near youth hostel. Go **thru** car park to join **MR** and descend to **TJ** with B2126 **@ 106454**. **TR** and follow to Holmbury St Mary.

The Smoke Ring

BONUS BITS ...

(ii)   Continue on **SP** Red trail to eventually join inward Blue trail back to 'The Lookout' to pick up route.

iii)   Go **SO** B311 into woods then **TL** to join heathland singletrack and follow **E** to **BW** @ **930613** to pick up route.

iv)   **TR** into small layby and keep **SA** to join 'Barry Knows Best' (one of the best descents in the area) and follow down to **MR**. **TR** and head back to Peaslake to pick up route.

An Orbital Route Around London

HOLMBURY ST MARY – SWANLEY

Continue **S** until, **@ 112441**, **TL**, then after approx 300m, **TR** onto **BW** (Greensands Way) and eventually follow round to **L** to **MR @ 128436**. **TR**, then **@ 131432**, **TL** onto **BW** and follow to viewpoint @ Leith Hill Tower. Continue **SA** to descend to track junction **@ 141432**. **FR** to join **BY** (**SP** Landslip car park) and follow to just before **MR** in Coldharbour (opposite Plough PH) **@ 151441**. **TL** onto **BY** (Wolverns lane) and follow for approx 600m to track junction then **TL** to follow **SP MTB** trail (Summer Lightning) over roots to then **TR** onto start of descent. Follow this purpose built trail **SO** several junctions, heading **N** to eventually rejoin Wolverns Ln **BY** (BONUS BIT v). **@ 132474**, **FR** onto **BW** and follow **SA** past lakes on **R** and eventually on to **TJ** with A25 **@ 135484**. **TR**, continue **thru** Westcott until, **@ 152488**, **TL** onto **MR** (**BW**), follow past lake on **L**, then **TL** onto **BW** and continue over **LC** onto singletrack and round to **R** up steep climb. **@** track junction **@ 148501**, **TR** onto good track and head **E** towards Dorking to a **MR**. **TR**, then **TL** onto Ashcombe Rd, then **TL** onto A2003 (Ashcombe Rd) and

The Smoke Ring

follow to **TJ** with busy A24. **TL** onto cycle path (**NCN**22) and head **N**, **SO** roundabout until, @ **171518**, **TR thru** subway under A24, **TL** then **TR** to pass hotel on **R**, then Rykas Cafe on **L** and on to **RH** turn @ **172523**. **TR** onto zig-zag road climb to ascend Box Hill and follow past car park at top to continue towards Box Hill village. @ **196516**, **TL** onto **MR** (**BW**) and follow until, @ **195523**, **TR** onto **BW** and head **NE**, following round to **L** then **R**, and on to trail junction @ **204528**. **TL** onto **BW** and head **N** to **TJ** with B2033 @ **205538**. **TL**, then after approx 200m **TR**, then **FR** onto **BW** to head **SE**, keeping **SA** @ **MR** and continue to **FL** @ **213535**, then cross M25 to join **MR** to **TJ**. **TR** to **TJ** with B2032 @ **223538**. Continue **SO** B2032 onto **BW** into woods then **FL** @ **226535** to cross golf course. Continue **SA** @ **BW Xroads** then **FR** @ **238530** (**SP** Margery Ln) and on to **MR**. **TR**, then after approx. 50m, **TL** onto **BW** and follow to **BW** junction next to **NT** car park @ **246527**. **TR** and follow over M25 to **BW** junction @ **249521**. **TL** and continue **E** to cross A217 on bridge into car park @ **262523**. **TL** quickly after cafe to go **thru** and exit car park to **MR** and **TR**, then quickly **TL** to join North Downs Way (**NDW**). Follow well **SP NDW** towards Gatton. @ **272528**, stay **L** and follow **BW** past school, staying **L** @

An Orbital Route Around London

roundabout, to **MR @ 276532**. **TL** to **TJ** then **TR** onto **MR** and continue under M25 to busy A23 **@ 291537**. Taking care to cross, **TR** then quickly **TL** and follow **E** over rail lines, then over M23 to **TJ @ 313536**. **TL**, then **TR** and follow to **TJ**. **TR** then **TL** onto track (Hextalls Ln **BW**) **@ 326531**. Continue **SA**, **thru** several track junctions, to rejoin **NDW** to **MR @ 341533**, **TR**, then after approx 150m, **TR** onto **BW** (**NDW**) and follow, keeping to main trail, to **MR @ 346538**. **TR** and follow to **LH** bend then **TR** (effectively **SA**) to cross bridge over A22 and continue to meet **BY**. **TR** and follow to metalled **BW @ 351534**. **TL** and head **NE** on **BW** (**NCN**21) until, **@** school **@ 363546**, **TR** then **TL** onto **BW** and follow **N**. **@ 362558**, **TL thru** buildings to **TJ** with **MR** (**BW/NCN**21) then **TR** and continue under rail line until, **@ 357569**, **TR** onto **BW** and follow to **MR**. **TL** then quickly **FR** onto **BW** (**NCN**21) and on to **MR**. Cross **SO** and **TR** onto **BW** along edge of golf course and follow until, **@ 360572**, **TL** into golf course, go past the front of club house and **FR** onto **BW** (**NCN**21) then stay **L** to meet B269. Continue **SO** onto track (**NCN**21) to **MR @ 370588**. **TR**, then **FR** and continue **SA @ Xroads** until, **@ 378591**, **TL** onto **BW** (**NCN**21), **thru** woods to **MR @ 380599**. **TR** then quickly **TL** onto **BW** (**NCN**21) and follow

The Smoke Ring

to **MR @ 389601**. **TL** and follow round to **R** then **TL** onto **BY** (Park Rd) **@ 394603** and follow to **MR @ 396608**, go **SO** onto **BW** and follow to **MR @ 402611**. Continue **SO** onto **BW** (muddy in places!) and follow to **MR @ 415629**. **TL** then **TR** and on to **TJ** with A233 **@ 419630**. **TR** then quickly **TL** and follow until, **@ 426631**, **TR**, then after approx 400m **TL** onto track (Bogey Ln/**SP** London loop) and follow to **MR**. **TL** to **TJ @ 439634** then **SO** to **TR** onto **BW** and follow to **MR @ 447636**. Go **SO** onto **BW** and follow round **LH** bend and onto B2158 **@ 452642**. **TR** and follow to roundabout on busy A21 **@ 453641**. Go **SO** onto Farnborough Hill (B2158) then **SO** A223 onto Glentrammon Rd. Follow up and round to **R** to **TJ** with Worlds End Ln **@ 461634**. **TL** and continue to **TJ**, **TL** and follow to **TJ** with A224 **@ 481640**. Continue **SO**, past pub and continue to Well Hill until, **@ 495639**, **TL** and follow **thru** village, round **LH** bend then round to **R** and **TR @ 498650** onto Daltons Rd and continue to **TJ** in Crockenhill. **TR**, follow round to **L** to join Church Rd and on to **TJ** with Main Rd. **TR** and follow until, **@ 515670**, **TL** onto restricted **BY** and head **NE** to cross A20, follow round to **R**, under rail line and **SA** to meet with B2173 (London Rd) in Swanley.

An Orbital Route Around London

BONUS BIT ...

v)   Ride twisty singletrack sections next to Wolverns Ln **BY**.

The Smoke Ring

SWANLEY – EPPING FOREST

TR onto B2173 (London Rd), then @ **RH** bend, **TL** onto **MR** (Beechenlea Ln) and continue to **TJ** in Swanley Village @ **528696**. **TL** then **TR** onto School Ln and follow to **TJ** @ **531706**. **TR** and cross M25 to **TJ** with A225, **TL** then quickly **TR** and follow to **TJ** with B260 @ **566715**. **TL** then quickly **TR** onto Wood Lane and continue **SA** onto track into woods. Continue **SA thru** woods to cross over A2 and on to meet busy A296 @ **581731**. Cross A296 and **TR** onto path (**NCN**1) and follow under B255, heading **E**, to join path next to A2 and round to **L** to roundabout @ **613729**. Follow well **SP** cycle path (**NCN**1) first **N** to next roundabout then **TR**, staying on **NCN**1 next to A2260 to **TJ** @ **618739**. **TR**, onto **NCN**1 next to A226/Thames Way, **SO** next roundabout and keep **SA** to large roundabout @ **632738**. **TR**, staying on **NCN**1, and follow to **TJ** with London Rd. Cross **SO** to join Pier Rd and take 1st **L** onto Cross Rd to **TJ** with Birch Rd. **TR** and continue **SA** to join path (**NCN**1) to meet The Shore @ **637745**. **TR** and take 1st **L** onto Clifton Marine Parade and follow **E** to join West St, **SA** @ roundabout, and follow to Town Pier, next

An Orbital Route Around London

to The Three Daws pub **@ 647745**. **TL** onto Town Pier and go **thru RH** doors of restaurant to Gravesend to Tilbury ferry landing! Please note; the first ferry in the morning and the first one after lunch, will launch from West Street Pier, 100m **W** of here!

Cross Thames via ferry, leave ferry terminal and **TR** to join cycle path (**NCN**13) and follow **E** to World's End pub **@ 648753**, then **TL** to join path and follow **N** to **MR** (Fort Rd). **TR** and continue until, **@ 657775**, **TL** onto Gun Hill, then take 1st **R** onto Rectory Rd to **TL @** junction with pub in West Tilbury. Follow to **Xroads @ 660787** and go **SO** to join track (Holford Ln). Continue **SA** to **MR @ 670805** and **TL** to **TJ** with A1013 then **TR** onto cycle path next to A1013 and follow to junction **@ 676822**. **TL** to cross A1013 and join **BW** to cross A13 to join **MR** (Horndon Rd). Follow **N**, **thru** Horndon on the Hill, and keep **SA** just before **TJ**, to **TL** onto B1007 **@ 669840**. Follow to **RH** bend to **TL** (effectively **SA**) onto **MR** and continue until, **@ 662866**, **TL** and follow to **TJ**, **TR** and on to **TJ** with A128 **@ 641866**. Go **SO** onto short track to join **MR** and follow round to **R** to **TJ** with A128. Continue almost **SA** onto **MR** and follow round to **L** to **TJ** with A128, **TR** and on to **TL @ 635888** and follow almost to A127

55

The Smoke Ring

to **TR** onto path next to slip road and on to roundabout. **TL**, cross A127 and follow A128 (**SP** Brentwood) until, @ **635898**, **TL** onto **MR** and follow **R** then **L** into Thorndon Country Park (Please keep to permitted horse/cycle paths within the park). Continue **SA** past octagonal visitor centre, into woods, past lake to your **R** and on to trail (**BW**) junction @ **627898**. Stay **L** and follow good trail round to **R** to trail **TJ** @ **616904**. **TL** and keep **SA** to descend on grassy trail (**BW**) to cross stream @ **613903**, then **TR** and follow **thru** woods to gate. Continue **NW thru** open field and into woods @ **607908**, go **thru** gate, **FR** and follow **SP** horse/cycle trail (**BW**) **N**, to eventually cross stream and on towards **MR** (park entrance) @ **605916**. Just before **MR**, **TL** and follow to **FR** (**SP** Hartswood), cross **SO MR** (The Ave) into Hartswood, stay **L**, then **FL** and continue **N** to eventually meet **MR** (Hartswood Rd) @ **601922**. **TR** and follow until, @ **601927**, **TL** into South Drive and on to **TJ** with Headley Chase. **TR** and follow **SA** to join Avenue Rd and on to **TJ** with B186 (Warley Hill) @ **593929**. **TR** then **TL** onto Crescent Rd and follow round to **R**, under rail line to join Kavanaghs Rd to **TJ** with A1023 (London Rd). **TR** then quickly **TL** onto Honeypot Ln and follow to **TJ** with **MR** @ **584940**. **TL**, cross A12 to take 1st **R** onto

An Orbital Route Around London

Sandpit Ln and follow to Weald Country Park entrance @ **578949**. **TL** into park then quickly **TR** onto permitted horse/cycle trail and follow round several bends to trail (**BW**) junction @ **572955**. **TR** then quickly **FL** and follow to **MR** (Coxtie Green Rd) @ **571958**. **TL** and follow until, @ **551960**, **TR** onto Dytchleys Rd and on to **TJ** with **MR**. **TL**, then **TR** onto Old Rd and follow to **TJ** @ **535972**, **TL**, then **TR** onto Mill Ln and on to **TJ** with Shonks Mill Rd, **TL** and continue to **TJ** with A113 @ **522987**. **TR**, then **TL** and follow until, @ **520993**, **TL** onto **BW** and continue **W**, keeping strip of woodland to your **R**, to **MR** @ **503989**. **TR** and follow to **RH** bend to **TL** (effectively **SA**) and head **N**, past stables to join **BW** and on to **MR** @ **501013**. **TL** and on to **TJ**, **TL**, round **RH** bend to **LH** bend @ **485015** and **TR** (effectively **SA**) onto **BW**. Continue **SA** to cross M11 and on to **MR** @ **475017**, **TR**, go past pub and **TL** onto **BW** and follow to **MR** @ **469010**. **TR**, then **FL** onto Brook Rd, continue under rail line to join Bridge Hill, which turns into Ivy Chimneys Rd and follow to **TJ** with **MR** (Theydon Rd) @ **450011**. **TL**, then **TR** onto Forest Side and continue **SA** to join good forest track. Follow good track to **LH** bend and **TR** (effectively **SA**), onto muddy forest track and follow **W** towards B1393. Continue on track running parallel to

The Smoke Ring

B1393, heading **SW**, past Ambresbury Banks (earthworks) to your **L**, then **TR** to cross busy B1393 @ **434001**. Join good track and follow **SW** then **W** to cross busy A121 @ **421995** to join good track (Three Forests Way) and head **SW**, staying **L** at junction, and on to **MR** @ **414988**. Continue **SO** onto good track and follow to **MR**/car park @ **412983**.

The End.

ROUTE FEEDBACK

If you have any local information for example, trail re-classification, trail closures, bike shops opening or closing or you know of a worthy section of trail that could fit and improve this route then please let us know and it could be included in future editions of 'The Smoke Ring'.

Please contact us at:
www.mtbepicsuk.co.uk

ALSO

in the *by mountain bike* series:

**The Southern Way,
Land's End to Dover**
ISBN: 978-1-78222-111-1

**The North-South Divide
Aberystwyth to Southwold**
ISBN: 978-1-78222-162-3

**The Northamptonshire Way
An End to End of the County**
ISBN: 978-1-78222-163-0